Operationalisierung des Konstrukts Unternehmensreputation und Konzeption eines vollständigen qualitativen Interviewleitfadens

Xenia Rosewood

Bibliografische Information der Deutschen Nationalbibliothek:

Die Deutsche Nationalbibliothek verzeichnet diese Publikation in der Deutschen Nationalbibliografie; detaillierte bibliografische Daten sind im Internet über http://dnb.d-nb.de abrufbar.

ISBN: 9783346896155
Dieses Buch ist auch als E-Book erhältlich.

Druck und Bindung: Books on Demand GmbH, Norderstedt Germany
Gedruckt auf säurefreiem Papier aus verantwortungsvollen Quellen

Das vorliegende Werk wurde sorgfältig erarbeitet. Dennoch übernehmen Autoren und Verlag für die Richtigkeit von Angaben, Hinweisen, Links und Ratschlägen sowie eventuelle Druckfehler keine Haftung.

Das Buch bei GRIN: https://www.grin.com/document/1363848

SRH Fernschule – The mobile University

Fachbereich 4 – Soziale Arbeit und Gesundheit

Studiengang Psychologie (B.Sc.)

Einsendeaufgabe

Alternative B

Modul: Wissenschaftliches Arbeiten Vertiefung I

Vorgelegt von:

Xenia Rosewood

Abgabedatum: 14.04.2020

Inhaltsverzeichnis

Abkürzungsverzeichnis

bspw.	Beispielsweise
bzw.	Beziehungsweise
bzgl.	bezüglich
d.h.	das heißt
ggfs.	gegebenenfalls
S.	Seite
u.a.	unter anderem
usw.	und so weiter
Vgl.	Vergleiche
z.B.	Zum Beispiel
z.T.	zum Teil

Abbildungsverzeichnis

Anlagenverzeichnis

1. Aufgabe B1

Gegenstand der ersten Teilaufgabe der vorliegenden Einsendearbeit ist es, die Operationalisierung des Konstrukt Unternehmensreputation und die Konzeption eines vollständigen qualitativen Interviewleitfaden. Ziel des Interviewleitfaden ist es, diesen bei der Befragung zur Unternehmensreputation der wichtigsten Stakeholder eines Unternehmens einzusetzen. Als Unternehmen wurde die British Airways PLC gewählt.

1.1 Das Qualitative Interview

Das Leitfadeninterview ist als qualitative Methode vergleichsweise gut ausgearbeitet und aus-
differenziert, um qualitative Daten zu erheben. Wie der Name bereits verrät, ist die Führung
des Interviews über einen vorbereiteten Leitfaden gestaltet[1]. Das Leitfadeninterview kann auch
als halbstrukturiertes Interview bezeichnet werden[2]. Die Gestaltung der Interviewsituation ist
sehr ausschlaggebend , da hiervon die Güte und Brauchbarkeit der erzeugten Daten abhängen.
Eine zentrale Frage bei der Erzeugung von Inhalten in einem Interview ist, inwiefern das Spre-
chen der interviewten Person gesteuert und/oder beeinflusst wird, indem der Interviewablauf
gezielt geformt und strukturiert wird[3]. Eine weitere, auf diese Frage aufbauende Frage betrifft
die Rollengestaltung der am Interview beteiligten Personen. Das Rollenverhältnis in einem sol-
chen Interview ist asymmetrisch und entspricht nicht der üblichen Alltagssituation. Der Interviewer spricht die interviewte Person in einer bestimmten Rolle an, während die Interviewten
ihre eigene Rolle und ihr Verhältnis zum Interviewer und zur Situation deuten und einordnen[4].

Der Leitfaden dient als eine vorstrukturierte Vorgabe zur Gestaltung des Interviews. Ein Leitfaden kann recht unterschiedlich angeordnet sein, enthält als Elemente aber immer Aufforde-
rungen, vorformulierte Fragen oder Stichworte für frei formulierbare Fragen. Der Leitfaden
vertritt die bewusste methodologische Entscheidung, eine maximale Offenheit einzuschränken,
folgt allerdings dem Prinzip, das Interview so offen wie möglich und so strukturiert wie nötig
zu gestalten. Dies geschieht aus Gründen des Forschungsinteresses[5]. Das Leitfadeninterview
bietet einen gewissen Handlungsspielraum für den Interviewer, ohne dass die Daten unstruktu-
riert erhoben werden, dadurch werden die Daten vergleichbar. Der Interviewer kann auch Fragen umformulieren oder zu einem anderen Zeitpunkt stellen, wodurch die nötige Offenheit

---

[1] Vgl. Helfferich (2019), S.669
[2] Vgl. Döring, Bortz (2016), S.372
[3] Vgl. Helfferich (2019), S.670
[4] Vgl. Helfferich (2019), S.670
[5] Vgl. Helfferich (2019), S.670

gewährleistet wird, ohne dass wesentliche Aspekte der Forschungsfrage verloren gehen[6]. Durch die Festhaltung der Fragereihenfolge im Interviewleitfaden, entspricht dieser auf formeller Ebene dem Fragebogen. Es werden diejenigen Fragen zusammengestellt, die während des Interviews auf jeden Fall angesprochen werden sollten. Ferner bietet der Leitfaden dem Interviewer eine Übersicht über das Thema und kann ihn davor bewahren, wichtige Bereiche auszulassen[7]. Gewöhnlich besteht ein Leitfaden aus einem Titel, einführenden Fragen, dem eigentlichen Leitfaden gemäß Forschungsthematik und aus abschließenden Fragen und Hinweisen[8]. In der Regel wird allen Interviews derselbe Leitfaden zugrunde gelegt, wenn das Leitfadeninterview die ausgewählte Methode für eine Forschungsfrage darstellt. Die Interviews werden dadurch vergleichbar, weil z.b. gleiche oder sehr ähnliche Fragen gestellt werden und die Antworten somit sehr aussagekräftig werden. Der Leitfaden wird schriftlich festgehalten und üblicherweise dem Ergebnisbericht als Anlage zugefügt. Ein Interviewleitfaden kann aus vorgegebenen und in fester Reihenfolge stehenden Fragen bestehen, oder aus mehreren Erzählaufforderungen. Beide Varianten lassen sich auch kombinieren. Die Fragen können unter Vorgabe der Flexibilität vorgegeben sein, oder die Interviewenden können Themen während des Interviews flexibel ansprechen. Hierbei dienen die Stichpunkte des Leitfadens nur als Erinnerung[9].

Die Durchführung des Leitfadeninterviews kann persönlich, telefonisch oder online, mit Laien oder Experten, durchgeführt werden. Der Fokus kann auf bestimmten Problemlagen oder auf konkreten Medienangeboten liegen. Je nachdem handelt sich um ein problemzentriertes oder fokussierendes Interview. Charakteristisch für das Leitfadeninterview sind Einzelinterviews, obgleich Paar- und Gruppeninterviews ebenfalls möglich sind[10].

Der Interviewleitfaden wird anhand der inhaltlichen Themen und Fragestellungen der Studie entwickelt, bzw. anhand der konkreten Forschungsfrage. Anschließend wird er durch Probe-Interviews (Pretests) überprüft und bei Bedarf überarbeitet. Am Anfang des Interviews werden meist biografische Grundinformationen erfragt, damit der Interviewende sich ein Bild seines Gegenübers machen kann. Es folgen allgemeine Fragen und detaillierte Fragen zum Forschungsthema. Sollte es intime oder heikle Fragen geben, werden diese am Ende des Interviews gestellt, um eine möglichst vertrauensvolle Atmosphäre zwischen befragter Person und Interviewer zu gewährleisten. Ein Interviewleitfaden enthält in der Regel zwischen 8-15 Fragen auf

---

[6] Vgl. Reinhardt, Ornau (2015), S.14
[7] Vgl. Reinhardt, Ornau (2015), S.19
[8] Vgl. Reinhardt, Ornau (2015), S.19
[9] Vgl. Helfferich (2019), S.675
[10] Vgl. Döring, Bortz (2016), S.372

1-2 Seiten. Es gibt eine Unterteilung der Fragen in Hauptfragen und Differenzierungsfragen. Sie können entweder wörtlich oder stichpunktartig aufgeführt sein[11].

Der formale Aufbau des Leitfadens folgt einem Prinzip bestehend aus drei Aspekten. Zunächst wird der befragten Person die Möglichkeit gegeben, sich so frei wie möglich zu äußern. Dazu wird die Erzählaufforderung so gewählt, dass eine möglichst große Chance darauf besteht, dass viele für die Forschung interessante und relevante inhaltliche Aspekte angesprochen werden. Nachfolgend werden Aspekte erfragt, welche im ersten Schritt keine oder unzureichend Daten bzw. Texte erzeugten. Abschließend werden strukturierte und vorgegebene Fragen gestellt[12].

Weitere Anforderungen an einen Leitfaden sind *Offenheit* als Priorität, *Übersichtlichkeit* und das *Anpassen an den Erzählfluss*. Offenheit bedeutet, dass Äußerungsmöglichkeiten so offen wie möglich gehandhabt werden müssen und gleichzeitig, so beschränkt sein sollen wie es die Forschungsfrage verlangt. Der Leitfaden muss übersichtlich sein, im besten Falle so übersichtlich, dass er sogar im Kopf behalten werden kann[13]. Ergänzend muss beachtet werden, dass zu viele Fragen die notwendige Erzählzeit beschränken. Der Ablauf des Leitfadens sollte dem Argumentationsfluss folgen und nicht zwischen Fragen und Themen hin- und her springen. Fragen oder Zögern seitens der Interviewten Person sollten nicht übergangen werden.

Ein Leitfadeninterview eignet sich immer dann, wenn in einem Interview mehrere unterschiedliche Themen behandelt oder aber auch wenn einzelne genau bestimmbare Informationen erhoben werden müssen[14]. Aus diesem Grund eignet sich das Leitfadeninterview sehr gut, um die Unternehmensreputation der British Airways PLC zu identifizieren. Dadurch wird sichergestellt, dass alle relevanten Dimensionen des Konstrukt Unternehmensreputation auch ausreichend erfragt und untersucht werden. Die Entwicklung von Interviewleitfäden ist ein komplexes und vielschichtiges Unterfangen, welches in der Praxis oftmals noch zu wenig reflektiert umgesetzt wird. Die Konzeption eines Leitfadens baut auf einem Vor-Verstehen auf. Dies bedeutet, dass der Forschende wissen muss, worum es geht, um zu wissen was wie gefragt werden soll[15]. Die Operationalisierung des zu ermittelnden Konstrukt ist somit unabdingbar.

---

[11] Vgl. Döring, Bortz (2016), S.372
[12] Vgl. Helfferich (2019), S.667-677
[13] Vgl. Helfferich (2019), S.677
[14] Vgl. Gläser, Laudel (2010), S. 111
[15] Vgl. Kruse (2014), S. 230

1.2 Das Konstrukt Unternehmensreputation

Um den Begriff Reputation zu präzisieren, bedarf es einer näheren Betrachtung des Wortes an sich und seiner unterschiedlichen Definitionen. Übersetzt aus dem Englischen bedeutet „Reputation" Ansehen, (guter) Ruf und Ruhm[16]. Diese Übersetzung beschreibt das Wort auf einfachste Weiße und bedarf doch einer näheren Erläuterung. In der Literatur gibt es viele Ansätze, um den Begriff Reputation zu umschreiben. Es existiert jedoch keine allgemeingültige Definition[17]. Dennoch taucht ein Name in Zusammenhang mit Reputationsmanagement immer wieder auf: Dr. Charles J. Fombrun, Gründer und Vorsitzender des Reputation Institute, New York. Er definiert 1996 in seinem Buch Reputation. „Realizing Value from the Corporate Image" den Begriff Reputation wie folgt: „A perceptual representation of a company's past actions and future prospects that describe the firm's overall appeal to all its key constituents when compared to other leading rivals" (Fombrun, C.: Reputation. Realizing Value from the Corporate Image, S.72). Dabei zeigt Fombrun auf, dass die Unternehmensreputation auf der Wahrnehmung der Mitarbeiter, Kunden, Investoren und anderen Stakeholder beruht.

1.3 Operationalisierung des Konstrukt

Grundlage eines jeden Interviewleitfaden ist die Operationalisierung des Konstrukt, was untersucht werden möchte. Eisenegger (2008) postulieren in seinem Modell zur Untersuchung der Unternehmensreputation eine Gliederung in drei Dimensionen: sozial, funktional und expressiv[18].

Soziale Reputation

Die soziale Reputation befasst sich mit den Werten und Normen und bewertet u.a. die Legitimität und Integrität des Handels der Akteure. Dies wird daran festgemacht wie sehr diese gesellschaftlichen Normen und Werte befolgen, um ihre Ziele zu erreichen. Reputationsverluste auf der sozialen Ebene machen sich auch auf der funktionalen Ebene bemerkbar. Von der Öffentlichkeit wahrgenommene ethische Defizite lassen sich meist nur durch radikale Maßnahmen wiedergutmachen, z.B. durch Schuldeingeständnisse[19]. Folgende Indikatoren ergeben sich auch dieser Definition: Soziale Verantwortung, Wohlergehen der Mitarbeiter, Ressourcen und Umweltmanagement.

---

[16] Vgl. http://www.leo.org; Stichwort: "Reputation"
[17] Vgl. Eisenegger, Imhof (2008), S.3
[18] Vgl. Eisenegger, Imhof (2008), S. 4-6
[19] Vgl. Eisenegger, Imhof (2008), S. 4-5

Funktionale Reputation

Die funktionale Reputation beschreibt das Handeln des Reputationsträgers in der objektiven Welt und wird bspw. anhand der Leistungsziele der Politik, Wirtschaft oder Wissenschaft bemessen. Ebenso beschreibt die funktionale Reputation die Fachkompetenz des Trägers und beschreibt, wie gut dieser die Rolle ausführt. Überdies kann anhand dieser Dimension beschrieben werden, wie gut eine Organisation ihren Zweck erfüllt[20].Demnach lassen sich, entnommen aus der Aufgabenstellung, folgende Indikatoren zusammenfassen: Produkt- und Dienstleistungsqualität, Wirtschaftlicher Erfolg, Managementqualität bzw. Kompetenz der Führung, Innovationsfähigkeit und Bedeutung/Marktposition.

Expressive Reputation

Die expressive Reputation befasst sich mit der emotionalen Attraktivität eines Unternehmens, d.h. welche emotionale Bindung ein Kunde, Mitarbeiter oder Lieferant mit dem Unternehmen verbindet. Diese entwickelt sich nicht alleinstehend, sondern kann auch durch die funktionale oder soziale Reputation beeinflusst werden[21].Daraus resultieren folgende Indikatoren: Sympathie, Faszination der Marke und des Unternehmens.

1.4 Konzeption des Interviewleitfadens

In der qualitativen Forschung hält der Leitfaden die Steuerungs- und Strukturierungsfunktionen inne, er fungiert als „roter Faden" bei der Erhebung von verbalen Daten. Durch das Verwenden eines Leitfadens werden alle relevanten Themen, die im Interview angesprochen werden müssen, aufgelistet. Außerdem wird eine bessere Vergleichbarkeit der Daten durch die thematische Rahmung erreicht und der Kommunikationsprozess wird besser strukturiert. Themenbereiche, die durch einen Interviewleitfaden erforscht werden sollen, weisen oftmals mehrere Themenblöcke bzw. Dimensionen auf. Diese Dimensionen dienen als Grundlage für die Konzeption des Leitfadens[22]. Die Operationalisierung des Begriffes „Unternehmensreputation" ist somit Grundlage für den im Anhang beigefügten Leitfaden. Grundsätzlich beginnt ein Interviewleitfaden nicht mit der ersten inhaltlichen Frage, sondern mit einer „Eisbrecherfrage" oder auch „Warming-Up"-Frage. Dies ermöglicht eine Vorbereitung der Gesprächssituation und der Befragte kann sich „warm reden". Diese Frage kann bereits inhaltlich gestaltet oder „Small-Talk"

---

[20] Vgl. Eisenegger, Imhof (2008), S. 4
[21] Vgl. Eisenegger, Imhof (2008), S. 5-6
[22] Vgl. Kruse (2014), S. 217

sein[23]. Danach wird mithilfe von offenen Fragen der Einstieg in die Interviewsituation und in das Forschungsthema erleichtert. Offene Fragen laden den Interviewpartner zum Erzählen ein und die anfängliche Scheu wird dadurch abgelegt. Nach der Aufwärmphase geht es schließlich darum, die relevanten Themenblöcke im Austausch zu erörtern. Zum Abschluss des Interviews ist es wichtig, den Befragten explizit dazu aufzufordern, von noch nicht erwähnten aber relevanten Informationen zu berichten[24]. Der entwickelte Leitfaden ist im Anhang ab Seite 23 zu finden.

1.5 Durchführung und Aufbau

Zunächst finden die oben genannten Pretests statt. Ferner sind auch Vorbereitungen in Bezug auf die Räumlichkeiten, vor dem Interview zu treffen. Um sicherzustellen, dass die genannten Informationen auch alle berücksichtigt werden, wird es empfohlen, das Interview auf Tonband aufzuzeichnen und anschließend zu transkribieren[25]. Aus diesem Grund sollte vorab ein geeigneter Raum bereitgestellt werden. Misoch (2015) gliedert den Aufbau des Interviews in vier Phasen: Informationsphase, Auswärm- und Einstiegsphase, Hauptphase und Ausklang- und Abschlussphase. In der ersten Phase wird der Befragte über die Zielsetzung informiert und auch darauf hingewiesen, dass die Daten anonymisiert verwertet werden. Außerdem sollte in dieser Phase die Einverständniserklärung unterschrieben werden. In der zweiten Phase findet der Einstieg in die Situation mittels Eisbrecherfrage statt. In der Hauptphase werden die Fragen zu den relevanten Themenblöcken gestellt. Die letzte Phase reflektiert nochmals das gesamte Interview. Der Befragte wird nochmals nach nicht erwähnten, jedoch relevanten Informationen gefragt. Zum Schluss wird sich beim Befragten für die Teilnahme bedankt und damit endet das Interview[26].

1.6 Auswahl der Stakeholder

Unter Stakeholder wird jemand oder eine Gruppe verstanden, der/die Interesse und Einfluss an den Entscheidungen und dem Erfolg eines Unternehmens haben[27]. Für die vorliegende Einsendearbeit wurde die British Airways PLC als Organisation ausgewählt. British Airways PLC ist ein weltweit operierender Luftfahrkonzern und beschäftigt etwa 45.000 Mitarbeiter. Als die

---

[23] Vgl. Kruse (2014), S. 223
[24] Vgl. Misoch (2015), S. 68-69
[25] Vgl. Mayer (2004), S. 44-45
[26] Vgl. Misoch (2015), S. 68-69
[27] Vgl. Kruse (2014), S. 223

wichtigsten Stakeholder wurden daher die Mitarbeiter, Kunden und Lieferanten bzw. andere Dienstleister ermittelt. Darüber hinaus gibt noch weitere Stakeholder, die Aktionäre und Investoren. Diese werden jedoch bei der Befragung nicht berücksichtigt.

1.7 Sampling

Als Sampling oder Stichprobe wird die Auswahl der Befragten bezeichnet. In der qualitativen Forschung bedeutet Sampling, die Auswahl der Subjekte, die in Bezug auf die Forschungsfrage reichhaltige Informationen geben können[28]. Eine Vollerhebung, also die Befragung von allen Stakeholdern, erweist sich nur dann als sinnvoll, wenn die Zahl der Befragten relativ klein ist. Dahingegen erweisen sich Stichproben als vorteilhaft, da es kostengünstiger und zeitsparender ist. Außerdem liegen Ergebnisse schneller vor. Sampling bedeutet in qualitativer Forschung, die Ziehung derjenigen Subjekte, die sich als inhaltlich adäquat im Hinblick auf die Forschungsfrage erweisen[29]. Es haben sich in der qualitativen Sozialforschung verschiedene Sampletechniken etabliert, um bewusst und inhaltlich systematisch die zu befragenden Elemente zu ziehen.

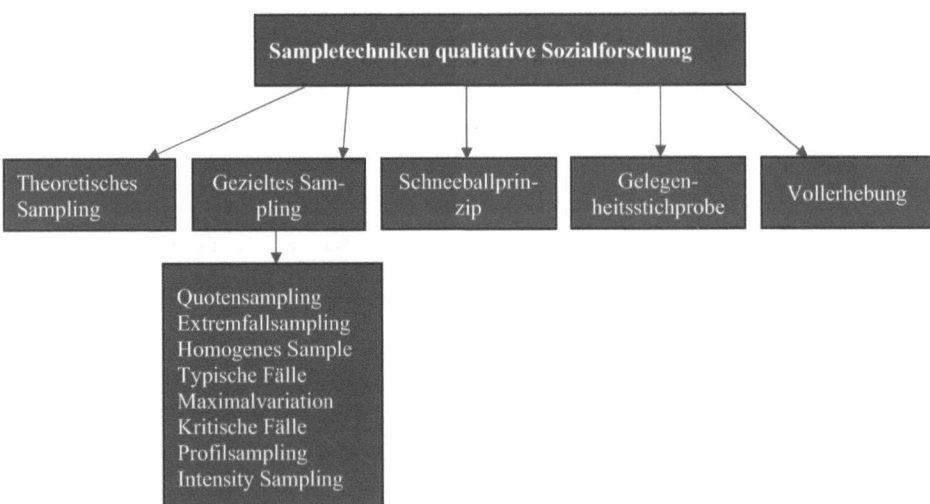

Abbildung 1 : Techniken der Stichprobenziehung bei qualitativer Forschung (eigene Darstellung in Anlehnung an Misoch (2019), S. 204

---

[28] Vgl. Misoch (2015), S.185-186
[29] Vgl. Misoch (2019), S.200

Um die Unternehmensreputation der British Airways PLC herauszufinden werden sieben Mitarbeiter, sieben Kunden und fünf Lieferanten befragt. Bei den Mitarbeitern wird darauf geachtet, dass diese in unterschiedlichen Gehaltsstufen und Verantwortungsbereiche tätig sind. Bei den Passagieren wird ebenfalls darauf geachtet, dass neben den Vielfliegern und Statuskunden auch Neukunden einbezogen werden. Ebenso findet eine Differenzierung bei den Lieferanten statt. Es wird zwischen neuen Lieferanten und langjährigen Geschäftsbeziehungen unterschieden.

2. Aufgabe B2

Verzerrungen im Interview sind oft nicht vermeidbare unerwünschte Nebeneffekte von Interviews. Trotz größten Bemühungen verhindert ein hoher Grad an Standardisierung und Objektivität keine Verzerrungen in Befragungen. Die Einflüsse können sowohl von Seiten des Befragten als auch des Interviewers ausgehen. Im nachfolgenden Kapitel möchte ich sowohl die Ursachen, die auf den Befragten, als auch die, die auf den Interviewer zurückzuführen sind, beleuchten. Anschließend werden Möglichkeiten erörtert, die den Grad der Verzerrung bei Interviews verringern können.

2.1 Interviewereffekte

Der Begriff Interviewereffekt, beschreibt den unerwünschten Einfluss des Interviewers auf die erhobenen Ergebnisse. Das Problem bei den, durch die Interviewer, verursachten Verzerrungen ist Großteils fehlerhaftes, forschungstechnisch unerwünschtes Verhalten. Durch das Phänomen der Verallgemeinerungsfähigkeit, weichen die Umfragedaten immer stärker von den tatsächlichen Aussagen beziehungsweise Gegebenheiten ab[30].

Die Einflüsse des Interviewers lassen sich in *sichtbare* und *nicht sichtbare* Merkmale unterscheiden. Zu den sichtbaren Merkmalen zählen bspw. das Auftreten und die Erfahrungen des Interviewers. Auch die Art und Weise, in der ein Interviewer Fragen formuliert und vorträgt, sowie das Alter, Geschlecht und die ethnische Zugehörigkeit sollten berücksichtigt werden. Die Erfahrung des Interviewers wirkt sich nicht nur auf eine geringere Verweigerungsquote aus, sondern auch positiv auf die Befragungsergebnisse. Nicht-Sichtbare Eigenschaften treten erst im Laufe des Interviews auf und beeinflussen den Befragten indirekt, indem sie das Verhalten des Interviewers prägen. Zu diesen Eigenschaften zählen bspw. die Extrovertiertheit des Interviewers, aber auch rollenspezifische Eigenschaften, wie z.B. die Einstellung des Interviewers

---

[30] Vgl. Hillmann, K. H.(1994), S. 391

zu dem Thema[31]. Untersuchungen konnten zeigen, dass die ethnische Herkunft nur wenig Auswirkung auf die Teilnahmebereitschaft hat, aber einen gewissen Effekt auf das Antwortverhalten der interviewten Person. Andere Merkmale, wie z.b. Alter und Geschlecht haben nur einen schwachen oder gar keinen Effekt. Diese Eigenschaften können das Antwortverhalten dann beeinträchtigen, wenn die gestellten Fragen einen Bezug zu den sichtbaren Merkmalen des Interviewers haben. Auf Grundlage der Vermutung, dass die gleiche ethnische Herkunft und das gleiche soziale Profil validere Antworten bzw. Daten generieren, basiert die Matching-Hypothese. Wie sich zeigte, kann das Matching ebenfalls zu Verzerrungen führen, da die Befragten sich dazu veranlasst fühlen, ihre Antworten an die wahrgenommenen Erwartungen des Interviewers anzupassen[32]. Obwohl nur wenige Untersuchungen existieren, welche sich mit dem Stimmausdruck des Interviewers beschäftigten, liegen Hinweise vor, dass subjektiv betrachtete Stimmmerkmale, wie z.b. die Feminität oder Stimmhöhe, positiv mit der Teilnahmebereitschaft zusammenhängen. Es gibt jedoch auch Studien, in denen keine Effekte der Stimmmerkmale auf die Teilnahmebereitschaft beobachtet wurden. Als nachgewiesen gilt hingegen, dass sowohl die Selbstsicherheit als auch die Erfahrung des Interviewers eindeutig positive Effekte auf die Teilnahmebereitschaft aufweist. Auch wenn die Effekte schwächer ausfallen, sind extrovertierte und selbstbewusste Interviewer, welche davon überzeugt sind, Befragte zur Teilnahme zu bewegen, erfolgreicher[33].

Ferner können Interviewereffekte häufig aufgrund der Einstellung oder der Erwartungshaltung in Bezug auf die Einstellung des Befragten auf[34]. Es lassen sich folgende Erwartungshaltungen unterscheiden: Attitüdenstrukturierte Erwartungen, Rollenerwartungen und Wahrscheinlichkeitserwartungen[35]. Die Attitüdenstrukturierte Erwartungen beschreiben die Erwartungen des Interviewers gegenüber den Einstellungen des Befragten. Dies tritt dann auf, wenn der Interviewer konsistente und organisierte Einstellungen erwartet. Die Rollenerwartungen treten dann auf, wenn der Interviewer annimmt, dass der Grund für bestimmte Einstellungen und Verhalten von Seiten des Befragten der Gruppenzugehörigkeit zurückzuführen ist. Zuletzt entwickelt der Interviewer bei den Wahrscheinlichkeitserwartungen die Vorstellung über die „wahrscheinlichen" Antworten des Befragten auf zukünftig gestellte Fragen[36].

---

[31] Vgl. Jedinger, Michael (2019), S.368
[32] Vgl. Jedinger, Michael (2019), S.368-369
[33] Vgl. Jedinger, Michael (2019), S.369
[34] Vgl. Hillmann, K.H.(1994), S. 391
[35] Vgl. Reinecke (1991), S. 27-30
[36] Vgl. Reinecke (1994), 129-130

2.2 Befragteneffekte

Antwortverzerrungen, oder auch Response Errors genannt, sind Probleme, die beim Interview durch den Befragten entstehen. Folgende Response Errors werden dazu gezählt[37]:

Befragteneffekte oder Response Errors liegen sichtlich vor, wenn eine Antwort explizit verweigert wird („Item-Nonresponse") die Abgabe einer meinungslosen Antwort erfolgt, wie z.b. „Weiß nicht" („Meinungslosigkeit"), das Gegenteil der Fall ist und eine inhaltliche Antwort trotz fehlender Meinungsausbild gegeben wird („Non-Attitudes") oder eine sogenannte „Social-Dersirability-Response-Set", also eine sozial erwünschte Antwort erfolgt. Allerdings spielen nicht immer nur Antworten eine Rolle für die Verzerrungen, sondern auch Reaktionen auf formale Aspekte („Frageeffekt"), auf die Anwesenheit Dritter („Anwesenheitseffekt") oder auf den Auftraggeber der Studie („Sponsorship-Effekt"). Verzerrungen können auch auftauchen, wenn bestimmte Antworten vom Befragten im normativen Umfeld eingestuft werden und somit die Antwort dem erwünschten Umfeld aber nicht der empirischen Korrektheit entspricht. Außerdem kann es zu dem „Positionseffekt" kommen, der eine bestimmte Reaktion auf die Abfolge der Fragen zurückführen lässt. Kritisch sind auch die Zustimmungstendenzen, die inhaltunabhängig sind, da teilweise die Befragten dazu dienen, eine Frage auf Grund der Formulierungsfrage positiv zu beantworten. Letztlich ist jedoch zu sagen, dass bei Messungen grundsätzlich von einer Abweichung des gemessen Werts, also von bestimmten Messfehlern ausgegangen wird.

2.3 Minimierung von Verzerrungen

Die Minimierung von Interviewereffekten kann durch besondere Schulungen geschehen. Da persönliche Merkmale von Interviewern nur unter bestimmten Bedingungen einen Effekt auf das Antwortverhalten haben, ist eine Rekrutierung nach diesen Merkmalen nachrangig[38]. Besonders unerfahrene Interviewer sollten angeleitete Schulungen mit Interviewübungen wahrnehmen. Eine wiederkehrende Auffrischung durch Methodenberatungen oder selbst organisierte Forschungsgruppen ist darüber sinnvoll[39].

Ferner kann es Sinn ergeben, den Interviewer anhand ähnlicher Merkmale zu der befragten Person auszuwählen bzw. eine möglichst geringe Distanz zwischen Interviewer und

---

[37] Vgl. Schnell, Hill, Esser (2013), S.345-346
[38] Vgl. Jedinger, Michael (2019), S.370
[39] Vgl. Mey, Mruck (2018), S.15

interviewter Person zu schaffen. Darüber hinaus sollten Interviewer über eine hohe Kommunikations- und Sozialkompetenz verfügen, was ggfs. auch durch entsprechende Schulungen trainiert werden kann. Um die unbewusste Manipulation der Befragten durch den Interviewer zu verhindern, kann zudem die sog. Verblindung eingesetzt werden. Hierbei hat der Interviewer keine Informationen über die Forschungsfrage[40].

Verzerrungen durch die befragten Personen entstehen häufig durch soziale Erwünschtheit. Jedoch auch negative Erfahrungen aus bisherigen Umfragen oder Interviews können dazu führen, dass eine negative Einstellung entsteht, welche dann das Antwortverhalten beeinflusst oder dafür sorgt, dass die Person gar nicht erst teilnimmt. Dieses Problem kann durch sog. Incentives minimiert werden. Diese sind Instrumente, um die Motivation zur Teilnahme an einem Interview oder einer Umfrage zu erhöhen. Dazu gehören unter anderem monetäre Anreize. Ein Incentive kann jedoch auch die Qualität der Daten beeinflussen, da die befragte Person Vermutungen darüber anstellen könnte, welches Ziel der Auftraggeber verfolgt und dementsprechend ihre Antworten ausrichtet[41].

Um eine Verfälschung oder Verweigerung der Antworten zu verhindern, sollte sich die Person allgemein wohlfühlen und es sollte eine freundliche Atmosphäre geschaffen werden. Dies kann bspw. durch das Setting geschehen. Ferner sollten allgemeine Höflichkeitsregeln eingehalten werden. Bei heiklen Themen sollte die Annäherung vorsichtig geschehen und die eigene Meinung oder persönliche Stellungnahme des Interviewers sollte an keiner Stelle zu erkennen sein[42]. Somit zeigt sich, dass Verzerrungen durch die befragte Person auch durch den Interviewer reduziert werden können.

3. Aufgabe B3

Ziel der Inhaltsanalyse ist es, aus einer Kommunikation stammendes Material zu analysieren. Hierbei geht es jedoch nicht nur um die reine Betrachtung des Inhaltes, sondern auch um formale Aspekte. Zu diesen Formalien zählen bspw. Wort- oder Satzkorrekturen, unvollständige Sätze oder Wiederholungen bestimmter Wörter[43]. Gegenstand der Inhaltsanalysen ist also das was von Menschen gesprochen und geschrieben wird. Menschen drücken durch Wort und Schrift ihre Absichten, Einstellungen, Wissen und Annahmen über die Umwelt aus[44]. Da diese

---

[40] Vgl. Döring, Bortz (2016), S.360-362
[41] Vgl. Hlawatsch, Krickl (2019), S.362
[42] Vgl. Reinhardt, Ornau (2015), S.23
[43] Vgl. Mayring (2010), S.11
[44] Vgl. Mayring (2010), S.11

durch das soziokulturelle System mitbestimmt werden, spiegeln die gesprochenen beziehungs-weise geschriebenen Worte nicht nur die Persönlichkeitsmerkmale der Autoren wider, sondern auch der umgebenden Gesellschaft. Zudem ermöglicht die Inhaltsanalyse es, Rückschlüsse von sprachlichem Material auf nicht-sprachliche Phänomene zu ziehen[45]. Der Professor für psycho-logische Methodenlehre Philipp Mayring befasste sich mit dem Ansatz der Inhaltsanalyse. Ma-yring (2015) fasste die Spezifika der Inhaltsanalyse als sozialwissenschaftliche Methode wie folgt zusammen: Die Inhaltsanalyse will sowohl Kommunikation als auch fixierte Kommuni-kation analysieren. Dabei will diese systematisch, theoriegeleitet und regelgeleitet vorgehen und das Ziel verfolgen, Rückschlüsse auf bestimmte Aspekte der Kommunikation zu ziehen[46]. Des Weiteren führt er eine Vielzahl von Techniken und Methoden zur qualitativen Inhaltsana-lyse in seinem Werk auf[47], jedoch werden nachfolgend lediglich zwei näher beschrieben und deren Unterschiede herausgearbeitet. Neben der inhaltlich strukturierenden qualitativen Inhalts-analyse zählt die evaluative qualitative Inhaltsanalyse zu den am meisten angewendeten Ana-lysemethoden in der Sozialforschung[48]. Auf diese werde ich unter dem Punkt 3.2 weiter einge-hen.

3.1 Inhaltlich strukturierende Inhaltsanalyse

Das Ziel der inhaltlichen strukturierenden Inhaltsanalyse ist es, das vorliegende Material nach bestimmten Themen, Inhalten und Aspekten zu filtern und zusammenzufassen. Durch theorie-geleitete Kategorien und gegebenenfalls Unterkategorien werden die Inhalte bestimmt, die ex-trahiert werden sollen.

3.1.1 Ablauf einer inhaltlich strukturierenden Inhaltsanalyse
Die folgende Abbildung 2 verdeutlicht den groben Ablauf einer inhaltlich strukturierenden qua-litativen Inhaltsanalyse.

---

[45] Vgl. Lamnek (2010), S. 304
[46] Vgl. Mayring (2015), S. 12-13
[47] Vgl. Mayring (2015), S. 65-114
[48] Vgl. Ornau (2015), S. 33

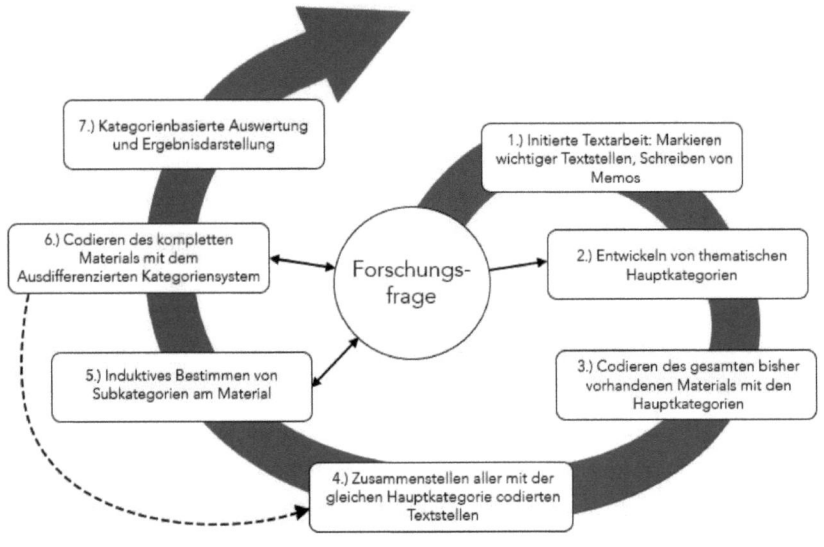

Abbildung 2: Ablaufschema einer inhaltlich strukturierenden Inhaltsanalyse (eigene Darstellung in Anlehnung an Kuckartz (2016), S.100

Diese erwähnten Phasen werden nachfolgend detailliert erläutert[49]:

Phase 1: Initiierende Textarbeit, Markieren wichtiger Textstellen, Schreiben von Memos und erste Fallzusammenfassung

Dieser Schritt beinhaltet eine intensive Auseinandersetzung mit dem Text sowie das Markieren wichtiger Textpassagen. Hierbei werden Bemerkungen, Besonderheiten und all-fällige Kategorisierungsideen in Form von Memos festgehalten. Eine kurze erste Fallzusammenfassung beendet diese Phase[50].

Phase 2: Entwickeln von thematischen Hauptkategorien

Hier werden die Textinhalte in unterschiedliche Kategorien sowie Subkategorien unterteilt, um diese auszuwerten. Die Hauptthemen dieser Kategorisierung orientieren sich meist an den Forschungsfragen, welche die zentralen Themen des Forschungsprojektes widerspiegeln sollten. Bei der intensiven Auseinandersetzung mit dem Interviewmaterial können sich zum Teil

---

[49] Vgl. Kuckartz (2014), S. 79-88
[50] Vgl. Kuckartz (2018), S. 101

weitere unerwartete Kategorien ergeben. Je häufiger eine Bearbeitung des Materials erfolgt, desto mehr schärft sich der analytische Blick für die Unterscheidung von primären und singulären Themen der Forschungsfrage. Unabhängig davon ob Daten induktiv oder deduktiv erhoben wurden, ist ein erster Durchlauf mit einem gewissen Teil der Daten sinnvoll, um zu prüfen, ob sich die festgelegten Kategorien überhaupt eignen, um das empirische Material zu erfassen. Die Menge dieser Testdaten ist abhängig vom Umfang und der Vielschichtigkeit der Daten: je mehr Daten, desto grösser der Aufwand. Meist sollten 10% bis 25% der gesamten Auswertungsdaten ausreichen[51].

Phase 3: Erster Codierprozess: Codieren des gesamten (bis zu diesem Zeitpunkt vorhandenen) Materials mit den Hauptkategorien

Beim ersten Codiervorgang wird jeweils Zeile für Zeile das Interviewmaterial durchgegangen und die Textabschnitte werden einzelnen Kategorien zugewiesen. Dies beinhaltet ein Entscheiden, zu welcher thematischen Kategorie der betroffene Textabschnitt gehört. Dabei werden für die Forschungsfrage irrelevante Textstellen nicht codiert. Bei dieser Form der Inhaltsanalyse kann es durchaus vorkommen, dass eine Textpassage mehrere der Haupt- oder Subthemen anspricht und somit passend zu mehreren der Kategorien ist. Folglich kann eine Zuordnung dieser Textstellen zu mehreren Kategorien erfolgen, wodurch sich codierte Textstellen überschneiden oder verschachtelt sein können. Beim ersten Codierprozess einer inhaltlich strukturierenden Inhaltsanalyse sollte laut Kuckartz ein Kategoriesystem:

- eine enge Verbindung zur Fragestellung sowie den Projektzielen aufweisen,
- weder zu spärlich noch zu überladen sein,
- eine möglichst differenzierte Ausführung der Kategorien enthalten,
- die Formulierungen einen Ausblick auf den späteren Ergebnisbericht beinhalten, indem Kategorien gewählt wurden, welche sich als Strukturierungspunkte für den späteren Forschungsbericht eignen und
- an einem Teil der Testdaten geprüft worden sind.

Des Weiteren stellt er folgende Regeln für das Codieren also das Zuordnen von Textstellen zu Kategorien vor[52]:

- I.d.R. werden Sinneinheiten codiert, das Minimum ist jedoch ein ganzer Satz.

---

[51] Vgl. Kuckartz (2018), S. 101–102
[52] Vgl. Kuckartz (2018), S. 102–104

- Umfasst die Sinneinheit mehrere Sätze oder Absätze sind diese mit zu codieren.

- Falls dazugehörige Interviewfragen für das Verstehen der Sinneinheit nötig sind, werden diese auch mit codiert.

- Das wichtigste Kriterium für das Maß, wie viel Text beim Zuordnen zu einer Kategorie mitcodiert werden soll, ist die Verständlichkeit.

Phase 4: Zusammenstellung aller mit der gleichen Hauptkategorie codierten Textstellen und Phase 5: Induktives Bestimmen von Subkategorien am Material

Nach dem ersten Codierprozess folgt nun hier eine Verfeinerung der noch ziemlich allgemeinen Kategorien, welche für die Studie von Bedeutung sind. Die Ausdifferenzierung und Ernennung von Subkategorien sieht wie folgt aus[53]:

- Es wird eine theoretische Kategorie gewählt, welche man verfeinern möchte und erstellt für dies Subkategorien.

- Alle Textstellen, welche auf diese Kategorie codiert wurden, werden in einer Liste zusammengetragen.

- Es werden Subkategorien gebildet nach der induktiven Kategoriebildung. Diese werden zuerst als eine untergeordnete Liste zusammengestellt.

- Danach werden die Listen geordnet, systematisiert und die relevanten Dimensionen festgelegt. Ggf. werden Subkategorien verschmolzen oder eine allgemeinere Subkategorie gesucht.

- Es werden Definitionen für die Subkategorien formuliert und Kategoriedefinitionen durch Zitate in den Testdaten beschrieben.

Phase 6: Zweiter Codierprozess: Codieren des kompletten Materials mit dem ausdifferenzierten Kategoriensystem

Der zweite Codierprozess kann beginnen nachdem die Subkategorien gebildet und an einem Teil der Daten getestet wurde. Hierbei werden die Textstellen, welche bis anhin den verschiedenen Hauptkategorien zugeordnet wurden, den neu ausdifferenzierten Kategorien, welche in der Phase fünf erstellt wurden, zugeteilt. Dies erfordert ein erneutes systematisches Durchlaufen aller Testdaten. In dieser Phase zeigt sich, ob man genügend Material der Testdaten für die Ausdifferenzierung der Hauptkategorien gewählt hat. Ist dies nicht der Fall, bedarf es häufig einer Konkretisierung oder Erweiterung der Subkategorien. Dabei stellt das Zusammenschließen von Subkategorien kein

---

[53] Vgl. Kuckartz (2018), S. 106

Problem dar. Das erneute Ausdifferenzieren jedoch bringt einen erheblichen Zeitaufwand mit sich, weil dadurch die codierten Testdaten erneut durchlaufen und auf die neuen Codierungen geprüft werden[54].

Phase 7: Kategorienbasierte Auswertung und Ergebnisdarstellung

In manchen Fällen kann es sinnvoll sein, dem zweiten Codierprozess ein Zwischenschritt in Form einer fallbezogenen thematischen Zusammenfassung folgen zu lassen. Abschließend findet in Phase sieben die Hauptanalyse statt und die Präsentation der Ergebnisse wird vorbereitet. Im Mittelpunkt der Auswertung stehen dabei die Themen sowie die Subthemen, wobei auf sechs unterschiedliche Formen der Auswertung zurückgegriffen werden kann. Es gibt die kategorienbasierte Auswertung der Hauptkategorien, was eine beschreibende Auswertung beinhaltet (Auswertungsform 1). Die Analyse von Zusammenhängen der Subkategorien innerhalb einer Hauptkategorie (Auswertungsform 2) sowie zwischen den Hauptkategorien (Auswertungsform 3). Eine qualitativ sowie quantitative Auswertungsmethode stellen Kreuztabellen dar, wobei Verbindungen zwischen gruppierenden Marker sichtbar gemacht werden (Auswertungsform 4). Das Forschen nach mehrdimensionalen Verbindungen bietet die Untersuchung der Konfiguration von Kategorien an (Auswertungsform 5). Die letzte Auswertungsform stellt das Visualisieren von Zusammenhängen mit Hilfe von Diagrammen dar (Auswertungsform 6). Diese sind in Abbildung 3 zu sehen und weisen im Uhrzeigersinn eine immer höhere Komplexität auf[55].

---

[54] Vgl. Kuckartz (2018), S. 110
[55] Vgl. Kuckartz (2018), S. 117–120

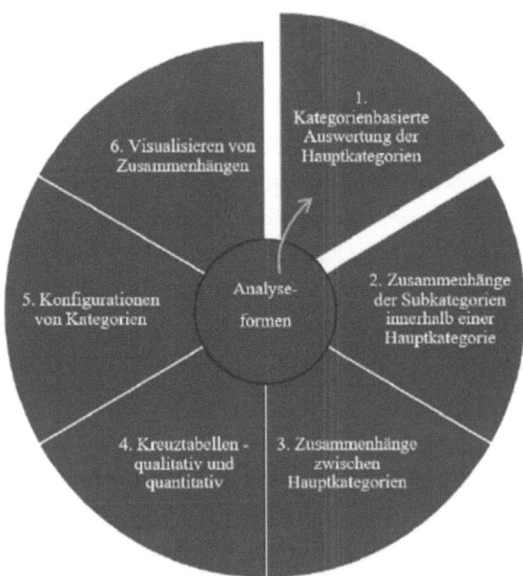

Abbildung 3 : Sechs Formen einfacher und komplexer Auswertung bei einer inhaltlich strukturierenden Inhaltsanalyse (eigene Darstellung in Anlehnung an Kuckartz (2018), S.118

3.2 Evaluative Qualitative Inhaltsanalyse

Die evaluative Inhaltsanalyse ist das zweite Basisverfahren einer qualitativen Inhaltsanalyse. Mayring (2015) bezeichnet diese Variante als „skalierende Strukturierung". Während sich die inhaltlich strukturierende Inhaltsanalyse auf die Identifizierung von Themen und Subthemen und deren Systematisierung und Analyse bezieht, ist es Ziel der evaluativen Inhaltsanalyse das vorliegende Material auf einer Skala einzuschätzen. Es geht hierbei also um die Einschätzung, Klassifizierung und Bewertung von Inhalten durch den Forschenden[56]. Kuckartz (2016) argumentiert, dass für die Bewertung nicht immer Ordinalskalen verwendet werden müssen, sondern dass auch Nominalskalen oder Intervallskalen verwendet werden können. Diese Form der Inhaltsanalyse ähnelt sehr der quantitativen Inhaltsanalyse, jedoch wird bei der evaluativen Inhaltsanalyse Analyseeinheiten auf Basis menschlichen Verstehens bewertet.

---

[56] Vgl. Mayring (2015), S. 106

3.1.2 Ablauf einer evaluativen qualitativen Inhaltsanalyse

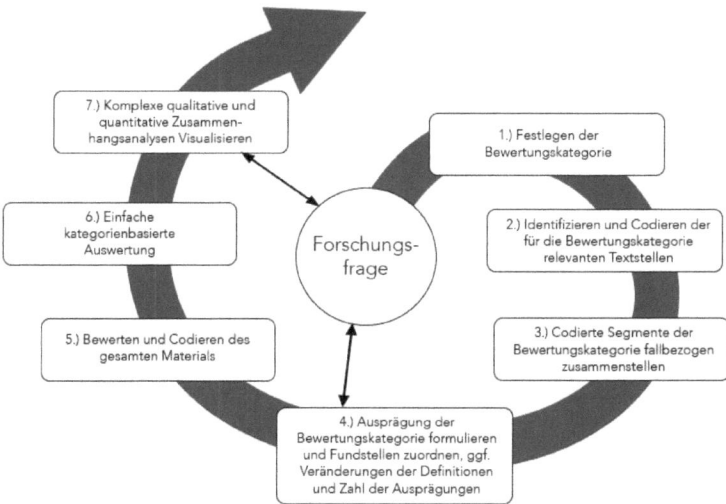

Abbildung 4 : Ablaufschema einer evaluativen Inhaltsanalyse (eigene Darstellung in Anlehnung an Kuckartz (2016), S. 125

Phase 1: Festlegen der Bewertungskategorie

Hierbei steht die Auswahl der Kategorien im Fokus, wobei man begründen muss, weshalb gerade die gewählte Kategorie als bewertende Form und nicht als thematische Kategorie erfasst wird. Wichtig ist dabei ein klarer Zusammenhang der Kategorien und der gewählten Art der Kategorien mit der Forschungsfrage. Da der Aufwand, um eine Kategorie zu codieren, erheblich ist, gilt es sich im Vorfeld zu überlegen welche Kategorien für die Forschungsfrage eine große Bedeutung haben und welche eher nicht[57].

Phase 2: Identifizieren und Codieren der für die Bewertungskategorie relevanten Textstellen

In dieser Phase sind die gesamten Testdaten durchzuarbeiten. Es gilt jede Textstelle mit Informationen zur fokussierten Kategorie zu codieren und dies für jede Kategorie zu wiederholen[58].

Phase 3: Codierte Segmente der Bewertungskategorie fallbezogen zusammenstellen

Diese Phase beinhaltet eine Auswertung der Kategorien. Dazu werden alle codierten Textstellen einer Interviewperson für die betroffene Kategorie in einer Liste oder Tabelle

---

[57] Vgl. Kuckartz (2018), S. 126
[58] Vgl. Kuckartz (2018), S. 127

zusammengetragen. Diese nach Kategorie sortierte Zusammenstellung stellt den Ausgangspunkt für die beiden folgenden Phasen dar[59].

Phase 4: Ausprägung der Bewertungskategorie formulieren und Fundstellen zuordnen ggf. Veränderung der Definitionen und Zahl der Ausprägungen

Bis definitiv bestimmt wird, welche Ausprägung eine Kategorie hat, ist es wichtig, genügend codierte Textstellen zu lesen, um entscheiden zu können. Das Minimum dazu stellt die Differenzierung von folgenden drei Ausprägungen dar:

- eine hohe Ausprägung der Kategorie
- eine geringe Ausprägung der Kategorie
- „nicht zu klassifizieren", was bedeutet, dass die vorhandenen Testdaten einer Person nicht für eine zuverlässige Einordnung in die vorhandenen Ausprägungen ausreichen.

Die dritte Ausprägung kommt bei dieser Form der Inhaltsanalyse häufig vor, da ein eindeutiges und zuverlässiges Zuordnen zu den anderen beiden Ausprägungen nicht immer der Fall ist. In dieser Analysephase ist das Endziel, dass am Schluss der gesamte Text bewertet wurde. Wenn die codierten Kategorien eine überschaubare Anzahl beinhalten, ist eine sofortige Gesamteinschätzung des Textes zu empfehlen. Es kann mehrere Verfeinerungsschleifen benötigen in dieser und der nächsten Phase, was danach eventuell eine Anpassung oder Abgrenzung der Kategorien bedarf[60].

Phase 5: Bewerten und Codieren des gesamten Materials

Hier geht es um die finale Einschätzung der Kategorien und die bewertende Codierung der gesamten Testdaten. Ist ein Fall nicht klar ersichtlich, wird notiert, weshalb die Person in jene und nicht in eine andere Kategorie eingestuft wurde. Diese Analysephase stellt kein mechanisch auszuführender Codiervorgang dar, es geht vielmehr darum, aufmerksam zu sein und positive Beispiele für den Forschungsbericht zu markieren. Auch durch diese Phase kann eine erneute Präzisierung der Kategorien notwendig werden[61].

Phase 6: Einfache kategoriebasierte Auswertung

Wie bei der inhaltlich strukturierenden Inhaltsanalyse gibt es auch bei dieser Form sieben unterschiedliche Auswertungsmöglichkeiten. Diese sind in Abbildung 5 zu sehen und weisen im Uhrzeigersinn eine immer höhere Komplexität auf. Zu Beginn steht somit das Niederschreiben des Auswertungsprozesses der gebildeten Kategorien, ihres Theoriebezugs sowie der Prozess der

---

[59] Vgl. Kuckartz (2018), S. 127
[60] Vgl. Kuckartz (2018), S. 127–128
[61] Vgl. Kuckartz (2018), S. 128

Kategoriebildung. Danach folgt eine Erläuterung der Kategorien und deren präzise inhaltliche Bedeutung. Die Ergebnisse bezüglich der unterschiedlichen Bewertungskategorien können sich zum einen statistisch-tabellarisch oder verbal interpretativ darstellen lassen[62].

Phase 7: Komplexe qualitative und quantitative Zusammenhangsanalysen, Visualisierung

Diese Phase beinhaltet komplexere Auswertungsformen mit qualitativen und quantitativen Analysen. Als qualitative Verfahren eignen sich Übersichtstabellen (Auswertungsform 3) und die darauf basierende vertiefende Fallinterpretationen (Auswertungsform 4). Eine Verknüpfung der evaluativen und inhaltlich strukturierenden Inhaltsanalyse bietet die Untersuchung des Zusammenhangs der thematischen und bewertenden Kategorien an (Auswertungsform 5). Als quantitative Verfahren dienen die Analyse bivariater Zusammenhänge der Bewertungskategorien untereinander (Auswertungsform 6) sowie das Untersuchen der Zusammenhänge zwischen Bewertungskategorien und soziodemographischen Merkmalen (Auswertungsform 7)[63].

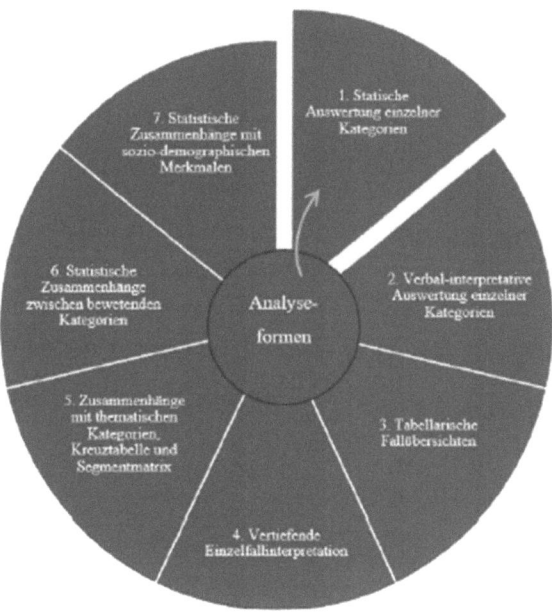

Abbildung 5 : Sieben Formen der einfachen und komplexen Auswertung bei einer evaluativen Inhaltsanalyse (eigene Darstellung in Anlehnung an Kuckartz, 2018, S.135).

---

[62] Vgl. Kuckartz (2018), S. 134
[63] Vgl. Kuckartz, (2018), S. 134–139

3.3 Unterschiede beider Analysemethoden

Zwar weisen beide Analysemethoden Gemeinsamkeiten auf, an dieser Stelle möchte ich jedoch die Unterschiede genauer erläutern. Während bei der inhaltlich strukturierenden Inhaltsanalyse die Identifizierung der Kategorien, deren Systematisierung und die Relationsanalyse im Fokus stehen, geht es bei der evaluativen Inhaltsanalyse um das Einschätzen, das Klassifizieren sowie das Bewerten der Inhalte[64]. Dennoch ähneln sich die beiden Formen der Inhaltsanalyse auch in manchen Dingen: bei beiden ist bspw. die Sprach- und Interpretationskompetenz der Forschenden bzw. der Codierenden gefragt. Dies ist bei der evaluativen Inhaltsanalyse dennoch deutlich stärker notwendig[65].Denn der Vorgang bei der inhaltlich strukturierende Inhaltsanalyse ist im Vergleich zur evaluativen Inhaltsanalyse weniger hermeneutisch-interpretativ. Letztere nimmt beim Codieren in Bezug auf das gesamte Datenmaterial einer Analyseeinheit Bewertungen vor und ist somit eher ganzheitlich orientiert. Zudem stellen die Kriterien für die notwendigen Klassifizierungen und Bewertungen bei der evaluativen Inhaltsanalyse für die Codierenden eine größere Herausforderung dar als bei der inhaltlich strukturierenden Inhaltsanalyse. Ein weiterer Unterschied ist, dass die Kategorien bzw. Subkategorien bei der evaluativen eher großflächiger ausfallen, als bei der inhaltlich strukturierenden Inhaltsanalyse. Dadurch eignet sich diese Form der Analyse besonders gut für eine theorieorientierte Arbeit. Wird sich bei einer Arbeit bzw. Forschung eher auf Beschreibung konzentriert, ist die inhaltlich strukturierende Inhaltsanalyse meist besser geeignet. Es besteht ebenso die Möglichkeit beide Analyseformen zu verbinden und für besonders interessierende Bereiche zusätzlich evaluative Kategorien zu definieren[66]. Diese können je nach dem auf der bereits geleisteten Vorarbeit der inhaltlich strukturierenden Codierung aufbauen[67].

---

[64] Vgl. Kuckartz (2016), S. 123
[65] Vgl. Kuckartz (2018), S. 124.
[66] Vgl. Kuckartz (2016), S. 140-141
[67] Vgl. Kuckartz (2018), S. 140–141

Anlagen

Interviewleitfaden zur Ermittlung der Unternehmensreputation der British Airways PLC

1. Begrüßung

Guten Tag. Sehr geehrte/r Herr/Frau _____, vielen Dank, dass Sie sich Zeit für dieses Interview nehmen.

2. Einleitung

Bevor wir mit dem Interview beginnen, möchte ich mich kurz bei Ihnen vorstellen und Ihnen den Ablauf und Grund dieses Interviews erläutern. Mein Name ist Xenia Eller und ich erwerbe momentan an der SRH Fernhochschule Riedlingen meinen Bachelor of Science im Bereich Psychologie. Im Rahmen dieses Studiums beschäftige ich mich mit der Unternehmensreputation der British Airways PLC. In Vorbereitung auf die Erhebung habe ich eine Auswahl an Stakeholdern getroffen, die dazu befragt werden. Neben den Mitarbeitern und Kunden werden auch verschiedene Lieferanten zur subjektiven Meinung befragt. Ziel dieser Erhebung ist es, sich kunden- und zielorientierter von den anderen Wettbewerbern abzugrenzen. Dabei ist mir Ihre persönlichen Erfahrungen und Meinung wichtig. Um mich während des Interviews voll und ganz auf Sie konzentrieren zu können, würde ich unser Gespräch gerne aufzeichnen, um es später niederzuschreiben. Dafür brauche ich Ihre Einverständniserklärung. Es versteht sich als selbstverständlich, dass Ihre Daten völlig anonym und vertraulich behandelt werden.

werden. Als nächstes werde ich zunächst einige formale Daten von Ihnen aufnehmen. Anschließend würde ich Sie bitten die Einverständniserklärung zu unterzeichnen. Im Verlauf des Interviews werde ich ihnen verschiedene offene Fragen stellen und möchte sie bitten, mir alles zu berichten was sie für wichtig und relevant halten. Es erfolgt keine Wertung der Antworten. Ich werde Sie in Ihrer Ausführung nicht unterbrechen. Bitte erwähnen Sie alles was Sie für wichtig und relevant halten. Ihre persönliche Meinung ist mir wichtig, daher wird keine Wertung der Antworten vorgenommen. Gibt es zu diesem Zeitpunkt Fragen von Ihrer Seite?

3. Formale Daten

Name, Vorname: _____

Geschlecht: _____

Geburtsdatum: _____

Beruf: _____

Ort, Datum: _____

Beginn: _____

Ende: _____

4. Einverständniserklärung

Hiermit erkläre ich, _____, mich damit einverstanden, dass zu den mir erläuterten Forschungszwecken das Interview aufgezeichnet und im Anschluss transkribiert werden darf. Ich wurde ebenfalls darüber informiert, dass die Daten vertraulich und anonymisiert behandelt werden.

Ort, Datum, Unterschrift

5. Interviewleitfaden

- **Einleitung**

I. In welchem Verhältnis stehen Sie zur British Airways PLC?

II. Wie lange stehen Sie schon in diesem Verhältnis?

Für Ihre Information: Insgesamt besteht das Konstrukt Unternehmensreputation aus drei verschieden Dimensionen: soziale, funktionale und expressive. Kommen wir nun zur ersten: soziale Reputation.

- **Erste Dimension: Soziale Reputation**

I. Welche soziale Verantwortung hat die British Airways ihrer Meinung nach?

II. Könnte British Airways, Ihrer Meinung nach, mehr für die soziale Verantwortung machen?

III. Beurteilen Sie, insofern Sie können, wie British Airways mit Ihren Mitarbeiterinnen und Mitarbeiter umgeht.

IV. Glauben Sie, dass die Mitarbeiterinnen und Mitarbeiter bei British Airways gerne bei dort arbeiten? Begründen Sie Ihre Antwort.

V. Was ist für Sie ein guter Arbeitgeber?

VI. Wie beurteilen Sie den Umgang mit Ressourcen, bspw. Kerosin, der British Airways?

- **Zweite Dimension: Funktionale Reputation**

I. Wie beurteilen Sie die Dienstleistungsqualität der British Airways?

II. Inwiefern grenzt sich die British Airways von ihren Wettbewerbern mit ihrer Produkt- und Dienstleistungsqualität ab?

III. Wie definieren Sie ein wirtschaftlich erfolgreiches Unternehmen?

IV. Würden Sie British Airways als ein wirtschaftlich erfolgreiches Unternehmen bezeichnen? Warum oder warum nicht? Begründen Sie.

V. Wie beurteilen Sie die Führungsqualitäten des Vorstandes?

VI. Würden Sie den Vorstand als kompetent bezeichnen?

VII. Welche innovativen Produkte/ Dienstleistungen der British Airways sind Ihnen bekannt?

VIII. Würden Sie British Airways als ein innovatives Unternehmen bezeichnen? Begründen Sie ihre Antwort.

IX. Welche Position nimmt British Airways, Ihrer Meinung nach, im Wettbewerb mit anderen Fluggesellschaften ein?

- **Dritte Dimensionen: Expressive Dimension**

I. Was ist für Sie die Marke British Airways?

II. Welche Gefühle verbinden Sie mit der Marke British Airways?

III. Glauben Sie, British Airways ist eine starke Marke? Erläutern Sie ihre Antwort.

IV. Wie beurteilen Sie den Bekanntheitsgrad der British Airways?

V. Was ist Ihre Meinung zu British Airways als Unternehmen?

VI. Was macht für Sie ein sympathisches Unternehmen aus?

VII. Wie schätzen Sie die Unternehmensqualität der British Airways ein?

- **Schluss**

Von meiner Seite aus bin ich mit den Fragen am Ende angelangt. Gibt es ihrerseits noch Aspekte, die nicht angesprochen wurden, die sie aber gerne noch äußern wollen?

Vielen Dank für das Interview und Ihre Zeit!

Literaturverzeichnis

DÖRING, N., BORTZ, J. (2016), Forschungsmethoden und Evaluation in den Sozial- und Humanwissenschaften, 5. Auflage, Springer Verlag, Heidelberg.

EISENEGGER, M., IMHOF, K. (2004). Reputationsrisiken moderner Organisationen. In: Röttger, U. (Hrsg.), Theorien der Public Relations. Grundlagen und Perspektiven der PR-Forschung. VS Verlag für Sozialwissenschaften, Wiesbaden.

GLÄSER, J./LAUDEL, G. (2010): Experteninterviews und qualitative Inhaltsanalyse: als Instrumente rekonstruierender Untersuchungen. 4. Auflage. Springer Verlag, Wiesbaden.

HELFFERICH, C. (2019), Leitfaden- und Experteninterviews, In: Baur, N., Blasius, J. (Hrsg.), Handbuch Methoden der empirischen Sozialforschung, 2. Auflage, Springer Verlag, Wiesbaden.

HILLMANN, K.H.(1994): Wörterbuch der Soziologie. 4. überarbeitete und ergänzte Auflage. Alfred Kröner Verlag, Stuttgart.

HLAWATSCH, A., KRICKL, T. (2019), Einstellungen zu Befragungen, In: Baur, N., Blasius, J. (Hrsg.), Handbuch Methoden der empirischen Sozialforschung, 2. Auflage, Springer Verlag, Wiesbaden.

JEDINGER, A., MICHAEL, T. (2019), Interviewereffekte, In: Baur, N., Blasius, J. (Hrsg.), Handbuch Methoden der empirischen Sozialforschung, 2. Auflage, Springer Verlag, Wiesbaden.

KRUSE, J. (2014). Qualitative Interviewforschung. Ein integrativer Ansatz. Beltz, Basel.

KUCKARTZ, U. (2016). Qualitative Inhaltsanalyse. Methoden, Praxis, Computerunterstützung. (3. Aufl.). Weinheim, Beltz, Basel.

KUCKARTZ, U. (2018). Qualitative Inhaltsanalyse. Methoden, Praxis, Computerunterstützung. (4. Aufl.). Weinheim, Beltz, Basel.

LAMNEK, S. (2010). Qualitative Sozialforschung. (5. Aufl.). Weinheim, Beltz, Basel.

MAYER, Prof. Dr. H., (2004). Interview und schriftliche Befragung. Entwicklung, Durchführung und Auswertung. (2. Aufl.). Oldenburg, München.

MAYRING P./ BRUNNER E. (2010) Qualitative Inhaltsanalyse. In: Buber R., Holzmüller H.H. (eds) Qualitative Marktforschung. Gabler, Wiesbaden.

MAYRING, P. (2015). Qualitative Inhaltsanalyse. Grundlagen und Techniken. (12. Aufl.). Weinheim. Beltz, Basel.

MEY, G., MRUCK, K. (2018), Qualitative Interviews in der psychologischen Forschung, In: Mey, G., Mruck, K. (Hrsg.), Handbuch Qualitative Forschung in der Psychologie, Springer Verlag, Wiesbaden.

MISOCH, S. (2015). Qualitative Interviews. Walter de Gruyter, Berlin, München, Boston.

ORNAU, Prof. Dr. F., (2014). Studienbrief Inhaltsanalyse. Riedlingen: SRH Fernhochschule.

REINECKE, J. (1991). Interviewer- und Befragtenverhalten. Theoretische Ansätze und methodische Konzepte. Westdeutscher Verlag, Opladen.

REINHARDT, R., ORNAU, F. (2015), Interviewtechnik, 2. Auflage, Studienbrief der SRH Fernhochschule, Riedlingen.

SCHNELL, R., HILL, P., ESSER, E. (2013). Methoden der empirischen Sozialforschung. (10. Aufl.). Oldenburg, München.

S<small>CHOLL</small>, A. (2003). Die Befragung. Konstanz: UVK. Weinheim, Beltz, Basel.